ACADÉMIE DES JEUX FLORAUX.

ÉLOGE

DE

M. AIMÉ RODIÈRE,

Lu en séance publique le 22 avril 1877;

Par M. DUBÉDAT,

Un des quarante Mainteneurs.

TOULOUSE

IMPRIMERIE Louis & Jean-Matthieu DOULADOURE

39, Rue Saint-Rome, 39.

1877

ÉLOGE DE M. AIMÉ RODIÈRE,

Lu en séance publique le 22 avril 1877;

Par M. DUBÉDAT,

Un des quarante Mainteneurs.

Messieurs,

J'ai à louer, devant vous, un homme qui n'aimait pas les louanges humaines. Il voulait, comme dans l'ancienne Grèce, qu'elles eussent à peine la durée de la traversée d'un fleuve sur une barque légère. C'est à moi qu'il le disait, dans une autre Académie, avec une candeur aimable et un sourire de douce et fine raillerie. J'étais loin de m'attendre à le voir partir si vite, à ressaisir ici son image évanouie, et à relier sa gerbe dispersée. Ce serait une impiété envers les nobles cœurs endormis — que son ombre me le pardonne — de ne pas les réveiller à ces fêtes de l'Académie qui ont leurs joies et leurs tristesses. Leur souvenir ne doit ni pâlir, ni s'effacer en nous; il y a des heures recueillies où les vivants doivent les relever et les remettre dans la vie et sous le rayon. Le moment de la mort n'est souvent pour eux que la saison d'une floraison nouvelle et des premiers bruits de la renommée.

Celui dont j'ai à retracer la vie, M. Rodière, le professeur savant de l'Ecole de Toulouse qui a eu tant de savants esprits, n'avait pas attendu la mort pour marquer sa place dans la science du droit et y laisser une vive empreinte. Il était né le 16 mai 1810, à Albi, la ville de Sainte-Cécile, groupée aux pieds des tours de son église et entourée de plaines fertiles où l'air est vif et chaud. Il aura, à la fois, de son climat natal, la chaleur, la force féconde et le sentiment chrétien. Dans cette maison où il arrivait le douzième enfant, la souche était vigoureuse; elle réservait sa meilleure séve au dernier rameau. On l'appela Honoré-Bernard-Aimé. Son père, qui avait fait du travail son bonheur et sa vie, venait de quitter l'imprimerie pour entrer au barreau d'Albi. A cet enfant, dont le berceau s'abritait sous les plis d'une robe du palais, il voulut donner aussi le nom de ce saint Yves, l'avocat breton que, dans le Rosier des guerres, Louis XI met au rang des plus grands saints du paradis. A seize ans et au sortir du collége, M. Rodière étudiait le droit à Toulouse, portant légèrement sa jeunesse laborieuse et pure, logeant assez près des toits, comme le philosophe de la Bruyère, et dans le voisinage de ces greniers, où l'on est si bien, à la condition d'y faire les rêves charmants du chansonnier et d'avoir vingt ans.

Il était avocat et docteur en droit au moment où éclatait la Révolution de Juillet. La Faculté de droit de Toulouse avait alors six hommes d'une rare constance dans leur foi politique et d'une fermeté altière, qui refusèrent le serment à la royauté sortie des barricades, et descendirent fièrement de leur chaire. Une pente secrète attirait M. Rodière vers l'Ecole. L'eau vive ne demandait que la pente pour jaillir et s'écouler. Un concours s'ouvrit à Paris; il y était porté par toutes les voiles du talent; les lutteurs de la science étaient redoutables, il échoua, mais avec grâce et courage, en ne cessant le combat qu'aux applaudissements de ceux qui lui disputaient la victoire.

Le temps marchait, M. Rodière cherchait sa voie et essayait de plaider au barreau de Toulouse. Effrayé des obstacles, impatient de la fortune et inquiet de l'avenir, le découragement le prit au cœur. C'est ainsi que les hommes se sont toujours plaints d'arriver tard et par des chemins pénibles. Il y a longtemps que Vauvenargues l'a dit avant moi. Ces luttes de la volonté et de la destinée humaine ne sont pas les événements les moins curieux et les moins émouvants de la vie. M. Rodière s'achemina, avec une tristesse mêlée d'espérances, vers Paris où il devait passer six années auprès d'un avocat fameux de la Cour de cassation, son maître et son ami.

Au lendemain de son arrivée à Paris, ce secrétaire inconnu de Dalloz, l'ancien, devenait lui-même un maître par son intelligence pénétrante et sûre et par ses ressources adroites et soudaines. Il fut des premiers, à une époque où la science du droit commençait à s'éclairer de la lumière de la philosophie et de l'histoire, à fonder la *Revue de législation et de jurisprudence* et d'autres revues célèbres. Il publiait, vers le même temps, un *Traité sommaire des diverses parties du Droit français*, résumant ainsi, en homme nourri aux plus saines traditions de la loi, tout un cours de droit qu'il professsait dans une chaire libre du quartier Latin.

Aux premiers mois de l'année 1838, une chaire de procédure civile et de législation criminelle devint vacante à Toulouse. M. Rodière n'hésita pas à regagner le Midi, touché par le secret aiguillon qui le poussait à venger un échec de famille et à monter dans une chaire d'où son père avait été écarté en 1822. Jamais concours ne fut plus ardent et plus brillant : il y avait là des hommes venus de l'école, du barreau et de la magistrature, mais la plupart sont vivants et il faut dire comme Loysel : « De ceux-là » qui sont trop nos amis on ne peut parler, les louan- » ges n'étant réservées qu'aux morts. » Le père de Rodière, le vieux vaincu de la Restauration, ému par cette parole fine, précise et vibrante qu'il entendait pour la première fois, le cœur gonflé, les yeux pleins de larmes, se leva du milieu de la foule, et, par un mouvement de joie éclatante, se jeta dans les bras de son fils triomphant.

Les railleurs et les envieux crurent, un moment, que cet esprit amoureux des choses de l'imagination et de l'art allait dédaigner cette terre aride de la procédure; ils ne savaient pas que cette intelligence heureuse et facile pouvait se répandre et s'épanouir sous des cieux opposés, et qu'elle devait verser sa flamme sur les froides et obscures règles de cette partie de notre législation. Le nouveau professeur de procédure ne voulut pas laisser ses leçons s'envoler et se perdre; il les écrivit dans un livre ayant tous les reflets de son enseignement, d'une singulière clarté dans sa méthode dogmatique, dominant les textes par un large sentiment de justice, d'équité et de sollicitudes, par une connaissance étendue des législations étrangères, et par un souffle chrétien qui manquait à ses devanciers.

La science si élevée et si pratique de M. Rodière, en lui inspirant des consultations aimées et recherchées de la magistrature, lui rendit le goût des disputes du barreau ; mais tous les navires ne vont pas à Corinthe, et il n'est pas donné à tout le monde d'être un grand avocat. Une pensée plus austère et plus haute agitait son âme et l'entraînait vers l'Eglise. Il en était ébranlé ; c'est alors qu'il alla demander l'apaisement et le repos aux villes enchantées de l'Italie. Après avoir pleuré d'admiration sur les collines de Rome et devant la mer bleue et calme d'Ostie, où saint Augustin avait pleuré avant lui, il sentit l'orage de son cœur se dissiper, il garda sa robe et changea de route pour prendre celle dont le père Lacordaire disait qu'elle était remplie de piéges et ennemie des grandes muses : c'était la route du mariage. Le mariage ne fit que l'animer et l'enflammer au travail : il publiait, en 1847, avec M. Pont, un magistrat dont Toulouse s'honore, *le Traité du contrat de mariage*, cette loi qui, dans la République de Platon, était la première de toutes les lois. Ce côté de notre législation n'est pas resté sans quelque désordre. L'ouvrage de MM. Pont et Rodière, d'une critique érudite et d'un sage éclectisme, unissant la méthode dogmatique au commentaire, a un ordre et un enchaînement qui ne sont pas toujours dans le Code, et on peut leur citer ce mot de Fénelon : « L'ordre est ce qu'il y a de plus rare dans les opérations de l'esprit. » La part de M. Rodière y est grande : elle se retrouve surtout dans l'introduction historique, pleine de mouvement et de feu, et dans le régime dotal, la pomme de discorde jetée par les pays de coutumes aux pays de droit écrit ; c'est l'accent de M. Rodière et comme l'écho de sa voix.

On sentait, à ces années troublées de la fin du Gouvernement de Juillet, passer dans l'air un vent de guerres intérieures et prochaines. La révolution, qui se remettait en marche, semait sur la jeunesse de nouvelles aspirations confuses et menaçantes. Pour la préserver et la détourner du danger, M. Rodière inaugura, à Toulouse, un cours d'économie politique dont le succès fut retentissant. Il n'eut jamais plus d'inspiration, plus de savoir, plus d'ampleur et plus d'éloquence. La même pensée de défense sociale en fit un des fondateurs de l'Académie de Législation où il a été un vaillant ouvrier de la première heure, en restant son ferme soutien jusqu'au dernier jour. Une voix plus chère et plus haute que la mienne y a parlé de lui. Toutes les fois que des questions d'histoire, de philosophie, de droit, de religion ou de morale s'élevaient dans l'Académie, on était sûr de le voir paraître comme un soldat sur la brèche, avec sa raison armée et ses explosions de mâle colère. Il mettait l'éclair dans les discussions ; il en sortait mieux trempé pour le travail, et il publiait, en 1852, son traité ingénieux et solide de la *Solidarité et l'Indivisibilité*, sans négliger la rédaction des revues du monde judiciaire.

Il se donnait aux pauvres avec plus d'ardeur et

d'élan. Toutes les œuvres fondées à Toulouse par la charité pourraient dire ce qu'il leur apportait de dévouement et de secours : les conférences de Saint-Vincent de Paul aussi bien que le patronage des jeunes apprentis, les cercles catholiques d'ouvriers, les bons livres qu'il aurait voulu répandre partout, les orphelins, les jeunes libérés, les prisonniers et les Eglises et toutes les Sociétés de la charité. Il connaissait le chemin des mansardes et le poids du pain mangé par les pauvres; il avait, bien des fois, mesuré leur grabat, séché leurs larmes et soulagé leur misère. Le pain tout seul n'était pas suffisant à sa main ouverte ; il y ajoutait la leçon salutaire, l'apaisement et l'espoir en Dieu. Il croyait que l'homme ne s'achève et ne comprend sa grandeur qu'en donnant, avec l'aumône de chaque jour, l'aumône plus fortifiante des espérances chrétiennes. C'était, en ce monde, se faire la meilleure part.

— Les œuvres de la charité et les études juridiques ne l'éloignaient pas des choses littéraires. Déjà, dans l'hiver de 1846, vous l'aviez accueilli, parmi vous, victorieux, et portant, dans ses mains, trois livres puisés aux sources de la foi catholique : les *Saints et leurs siècles*, les *Femmes chrétiennes*, et la *Vie de sainte Blandine*. Ces glorieuses figures des saints environnées de l'auréole d'or lui étaient apparues comme une armée héroïque et bénie, se relevant de terre et montant par une échelle mystérieuse vers les régions divines pour nous montrer, dans l'air, les chemins du ciel. L'histoire de l'humanité lui avait appris que les saints étaient les ouvriers immortels de la civilisation dans le monde, et qu'on trouvait, à les suivre dans leur existence terrestre, des consolations et des forces et je ne sais quelles élévations transformant le cœur de celui qui la raconte. De cette forêt sacrée il n'avait pris que les plus belles branches, et ce sera toujours pour les âmes égarées ou meurtries un doux ombrage où elles pourront se reposer, en découvrant au loin les clartés de ce royaume radieux promis aux pauvres et aux affligés sur les montagnes de la Galilée.

La vie des saints n'embrasse pas toute l'histoire. Afin de compléter son œuvre, M. Rodière écrivit *les Grandes scènes de l'histoire moderne,* où la vérité est parfois trahie, par le roman, de Constantin et la bataille du pont Milvius au second empire français et à la guerre de Crimée. Il y a de tout dans ce livre, de la fantaisie, de l'imagination, et de l'histoire. En le lisant, on songe involontairement à Mlle de Scudéry et à la Clélie. Il a eu pourtant son succès.

Ce Mainteneur qui vous arrivait à la veille de la révolution de février allait mettre toute sa ferveur au service de Clémence Isaure. Qui peut savoir, mieux que vous, ce qu'était M. Rodière à vos séances du soir, avec son amour des œuvres de l'esprit, sa finesse du meilleur goût, du plus délicat et du plus sain et toujours du plus indulgent ? Huet, évêque d'Avranches, prétendait qu'il y avait plus de poëtes que de vrais juges en poésie. M. Rodière était de ces derniers, touchant les choses au vif, avec une justesse rare, sentant remuer en lui des cordes cachées, ayant la griffe tranchante à la fois et légère et voilée de soie, avec une pointe d'intrépidité et de passion du vrai et du beau. Il se plaisait à vos séances comme dans un climat où les âmes s'élèvent et se pacifient, il y venait avec un redoublement de liaison et d'attrait sans cesse renaissant. Vos Recueils n'ont pas conservé tous ses travaux; on n'y rencontre que son Eloge de Clémence Isaure, sa Semonce de l'année 1854 qui montrait de larges horizons à la littérature française, l'éloge de Féral où il avait mis tout son cœur pour mieux peindre l'avocat illustre que vous aviez perdu et qui était d'Albi, comme lui. C'est M. Rodière qui remit à notre Jasmin les lettres de maître ès-jeux, par une journée de soleil et de poésie qui vous rajeunit de quatre siècles :

« Un sourel rajen d'or fazio lambréja l'ayre »

C'est encore lui qui ouvrit les portes de cette Académie à deux de vos Mainteneurs d'un esprit de vieille roche et du grain le plus rare. Si bien des choses tombées de sa main ou de ses lèvres se sont enfuies, elles ne s'effaceront pas de vos traditions et de vos souvenirs.

Ce travailleur courageux ne se laissait pas enchaîner par le repos ou le sommeil. Pour donner autour de lui le goût des plaisirs de l'esprit, il attirait tous ceux qui aimaient les lettres à des soirées discrètes qui n'auraient jamais été celles de l'hôtel de Rambouillet, mais qui valaient mieux que le salon des précieuses. Il écrivait livre sur livre d'une main qui ne s'est jamais lassée, en se rappelant peut-être cette rude parole d'un infatigable solitaire de la vallée de Chevreuse, qu'on avait assez de l'éternité pour se reposer. Plus d'un livre manuscrit est resté dans l'ombre.

Il semblait s'occuper de procédure, et, d'un bond, son imagination s'en allait vers la poésie. C'est saint François-de-Salles qui a dit, un jour d'automne, en traversant les vignes jaunissantes de la Savoie, que les fruits tardifs valaient mieux que les printaniers. Dans ce langage fleuri et plein d'un bourdonnement d'abeilles, ce saint souriant et tendre n'entendait encourager et vanter que les conversions attardées ; il ne songeait pas aux poëtes de l'arrière-saison. La vie n'a vraiment qu'un âge pour commencer à s'approcher des muses qui n'aiment guère les fleurs d'hiver et qui s'enfuient sous les saules, sans vouloir être ni vues, ni touchées, dès que la jeunesse a égrené son dernier chapelet de roses fraîches en ne laissant derrière elles qu'une couronne de graines mûres. Mais M. Rodière qui avait lu Pétrarque à la fontaine de Vaucluse et au golfe de Venise s'était souvenu de ce vœu d'un adorable sonnet : « Cueillir le fruit de l'âge sur une fleur de jeunesse. » Il eut alors son coin de faiblesse humaine, et chanta, dans un poëme en douze chants, Jeanne d'Arc, la vierge guerrière, sainte par sa vie et martyre par sa mort. D'autres poésies écloses sous des astres refroidis suivirent ce poëme, et *la Morale en comédies* se mit aussi à prendre son vol en essayant de donner un tour agréable aux sévères leçons du devoir. En parcourant ces pages d'une teinte pâle et languissante, on voit luire par moments, un jour brusque sur cette poussière poétique; il en sort un jet vert et d'une séve franche, poussant à l'aventure et à la volée et comme à l'air du mois d'avril. On y rencontre aussi un peu de malice permise, M. Rodière était même plus mordant que François Ier, pleurant ses illusions perdues et rimant à la croisée de Chambord. Ecoutez ces deux vers :

Les marins ont marqué trente-deux airs de vent,
La femme, en un seul jour, change bien plus souvent.

Il consolait ensuite les maris par cet espoir redoutable :

Pauvres maris, hélas ! Ici-bas notre sort,
Quoi s'il puisse advenir est d'avoir toujours tort,
Et s'il se trouve ici quelque célibataire :
Qu'il reçoive, gratis, un conseil salutaire.....
Si nous supportons tout, nous, malheureux maris,
Nous sommes sûrs d'aller tout droit en paradis.

J'ai hâte d'ajouter que le poète ne s'en prenait qu'aux femmes fantasques, et nous savons tous que les femmes fantasques n'ont jusqu'à présent habité que le pays des chimères et que ces créatures étranges n'existeront jamais.

Je ne puis continuer, l'heure me presse, et je passe vite sur ces poésies que M. Rodière appelait doucement ses péchés. L'âme à peine échouée et encore trempée du naufrage, il revenait à l'impénitence, mais la chaîne fragile finit par se rompre d'elle-même. Il reprit avec ardeur le joug de la science qui lui était léger, et retraça *la Vie des grands Jurisconsultes*, rassemblant ainsi, dans un même faisceau, les études de toutes ses veilles. Ce livre commence à l'antiquité et ne s'arrête qu'après avoir traversé le moyen âge, le dix-septième siècle, le dix-huitième et le nôtre. La main de l'ouvrier y a toujours égalé la matière, la trame y reste austère, et si parfois elle se déchire, c'est pour laisser voir, au fond, le cœur pieux et profond de l'historien.

Ce cœur allait avoir sa joie la plus pure à une de ces heures appelées par la Grèce des heures chantantes et ornées. Ce douzième enfant de la maison laborieuse d'Albi était promis à un honneur, cher entre tous, et à une touchante allégresse. Son père, en qui la vieille séve n'était pas tarie, avait, avant de mourir, fondé à Albi le prix de l'amour du travail, qui devait être un bel épi d'or. Le fils alla cueillir la moisson dorée dans le sillon creusé par le père, le 17 mai de l'année 1874, au bruit des applaudissements de la ville émue. Les Athéniens s'inquiétaient surtout de ce que disaient leurs compatriotes d'Athènes. Nous sommes tous d'Athènes sur ce point et nous éprouvons, aux applaudissements du pays natal, des joies meilleures que les autres, et remuant, en nous, plus de fibres secrètes. Le prévoyant vieillard savait bien, au fond de l'âme, qu'il pouvait, sur la foi des étoiles, jeter son grain dans l'herbe et autour de sa maison, sur la parole de celui qui a dit : Semez.

L'histoire des heureux est courte. Ce fut la dernière couronne de M. Rodière. Il est aujourd'hui couché dans sa tombe, mais le Père céleste qui a promis le divin pardon aux miséricordieux lui aura compté sa charité ardente, sa foi vive, ses aspirations et ses espérances, et les bénédictions des affligés et des pauvres. Les dévouements de ce monde reçoivent leur récompense dans l'autre, de même que l'eau versée à la racine d'un arbre reparaît à la cime, dans les feuilles et dans les fruits.

Si son âme immortelle nous entend, qu'elle reçoive de loin le souvenir de ceux qui l'ont aimé. Son foyer, ce foyer en deuil dont il était la gloire et la joie ne le reverra plus se lever à l'aube pour travailler et pour prier. En prêtant l'oreille, il nous semblera souvent qu'il nous parle encore, et que ses lèvres scellées par la mort vont se rouvrir, comme autrefois, pour lancer de haut la parole, au souffle de la science, de la morale et de la foi. Il s'y mêlait quelque chose de railleur, de brûlant, et d'enjoué par échappées, qui partait sans efforts et à flots clairs, sans avoir ni la rudesse, ni l'amertume. C'était la voix de son esprit, ferme et droit, dédaigneux des molles croyances et plein d'une grâce fière. Aucune pensée mauvaise n'y pénétrait, même à la traverse. Il n'avait pas de plaie au cœur; la bonté, les tendresses, les effusions étaient au bord et prêtes à se répandre. Ses nuées passagères, en s'écartant, laissaient voir, dans la lumière transparente, un fond de ciel toujours serein.

Il avait eu la maturité précoce, et presque sevrée de jeunesse, comme s'il avait pressenti qu'il fallait se hâter dans la vie et ne pas s'attarder en chemin. Et pourtant, tout en lui était jeune, et il avait pour la jeunesse un amour qui ne s'est jamais altéré. C'est à elle qu'il a dédié, de génération en génération, toutes ses œuvres et toutes ses pensées. Une fois entré dans cette veine, il n'en était plus sorti, et après Dieu et le foyer de la famille, c'est la jeunesse qu'il a le plus servie et le plus aimée.

Il avait le front tendre, comme on le disait de Nicole à Port-Royal, inclinant aux choses mystiques, et, si comme à bien d'autres, les ailes lui ont manqué pour surprendre la poésie, il a conquis dans la science du droit une place assurée et hors d'atteinte. Là il avait le nerf, la substance, le tour, le trait, la couleur et le relief.

Quand il désertait ce champ austère, son imagination prompte, et, par moments, véhémente montait à des hauteurs voisines de l'éblouissement. Sa fougue y jetait à la fois la flamme et la fumée; il allait, alors, selon le mot de Montaigne, outre ses forces. N'est-ce pas aussi pour lui que le vieux Montluc a dit qu'il n'était besoin de piquer certains hommes que de la main pour les faire partir? Mais on l'arrêtait vite et sa malice fugitive se perdait dans un de ces sourires que, sous peine de n'être pas Français, nous devons mêler à toutes choses. Son portrait se retrouve dans ce passage du dialogue des orateurs de Cicéron : « J'en connais un qui a
» une langue châtiée, pleine de finesse et d'expres-
» sions justes et choisies, emporté et pathétique par
» moments, souvent gracieux et ironique, sans per-
» dre sa dignité, et ayant le nombre et l'harmo-
» nie. »

Il fallait le voir et l'entendre, l'œil toujours fixé sur le droit, la vérité, la piété et la sagesse, à l'Ecole, dans les Académies, et dans les assemblées catholiques ; on n'avait qu'à frapper pour faire sortir l'étincelle. Sur son visage, on lisait son âme et son caractère. La liberté l'avait attiré et séduit, mais il répudiait les tendances qui la font rougir et voulait moraliser le peuple et non le pervertir et l'égarer.

La mort nous a pris cette vertu forte et cette intelligence généreuse, et je n'ai rien à vous apprendre en vous parlant de la douleur publique plus attendrissante pour ceux qui le pleuraient que le bruit même de la gloire.

Réveillez-vous, esprit vaillant et fier, avec votre voix rapide et sonore comme une flèche d'airain. Revenez parmi nous, ô maître regretté, vous revivrez dans nos souvenirs d'une vie toujours renouvelée ; je vous le dis au nom de l'Académie et de cette légion d'étudiants de tous les âges qui se sont pressés autour de votre chaire. C'est le plus inconnu d'entre eux qui vous l'annonce par delà la tombe, mais ce n'est pas le moins attristé et le moins ému. Si lourde que soit la pierre qui couvre une poussière humaine, elle n'emprisonne pas plus l'âme que la renommée. Vous n'aviez pas dépensé tous les trésors de votre esprit, ni apporté la dernière pierre à votre maison, ni fini votre journée ; consolez-vous et réjouissez-vous, vos œuvres ne seront pas perdues, et vous nous resterez comme la vivante image de ces existences, filles du travail et inachevées, brisées et fécondes, et laissant, par les chemins de la vie, une trace enviée et parsemée, de loin en loin, d'étoiles sévères dont les feux pourront pâlir, mais qui ne s'éteindront jamais.

Monsieur,

Ce n'est pas la première fois que la procédure entre à l'Académie. Elle y avait paru avant M. Rodière. Elle a fait rire Voltaire, hélas ! qui a ri de trop de choses. Racine s'en est moqué ; Camille Desmoulins et Barrère poussaient les clercs de l'ancienne basoche à la brûler en effigie devant la grille du Palais de Justice, au pied du mai de leur Saint-Jean prochaine. N'écoutez pas ces légers et terribles railleurs : ils ne médisaient de la procédure que parce qu'ils la connaissaient mal; ils avaient oublié que le droit, pour ne pas périr, a besoin d'être protégé devant la justice par des formes sagement tracées. Qu'auraient-ils dit si, au lieu du sac légendaire suspendu à la ceinture des procureurs de leur temps, ils avaient vu s'épanouir à votre robe un Œillet et une Violette de Clémence Isaure?

Le président du Harlay n'était pas de leur école. C'est lui qui s'écriait, un jour, devant les procureurs du Parlement : « Homère vous apprendra vos devoirs » dans le dixième chant de son admirable Iliade. » Je ne crois pas pourtant que l'Iliade fût suffisante aujourd'hui pour bien mener un procès. Notre procédure ne doit pas ressembler à celle qui était suivie devant les vieillards de Troie, assis sur les pierres luisantes des portes Scées, ou autour des juges immortels gravés sur le bouclier d'Achille. Les ruses d'Ulysse et toute la sagesse de Minerve ne sauraient remplacer, à nos audiences, une bonne page de M. Rodière.

C'est une fortune heureuse pour moi qui suis de la justice d'être le premier à saluer ici un homme du palais, ayant fait alliance avec les lettres. Le Mainteneur regretté que je viens de louer vous aurait salué avec plus d'art et d'élégance. Rendez-lui, en retour, cet hommage qu'un roi de France, de passage en Languedoc, — ne vous plaignez pas de la comparaison, — adressait à Guy du Faur, seigneur de Pibrac, et dites-lui : « Vous êtes vraiment

» un seigneur dans la science ; après avoir dépassé
» vos ancêtres, vous serez l'honneur de votre
» maison. »

Je n'ai plus qu'à me taire pour vous laisser parler, et pour entendre, après vous, une autre parole dont l'éclat fait souvenir de cette épée des comtes de Toulouse, chantée par les vieux Trouvères, brillante et trempée aux eaux les plus pures de France, et dont la garde fleurie de roses d'Asie et de lis des Pyrénées était couronnée d'une croix d'or.

Toulouse, Impr. Louis & Jean-Matthieu Douladoure

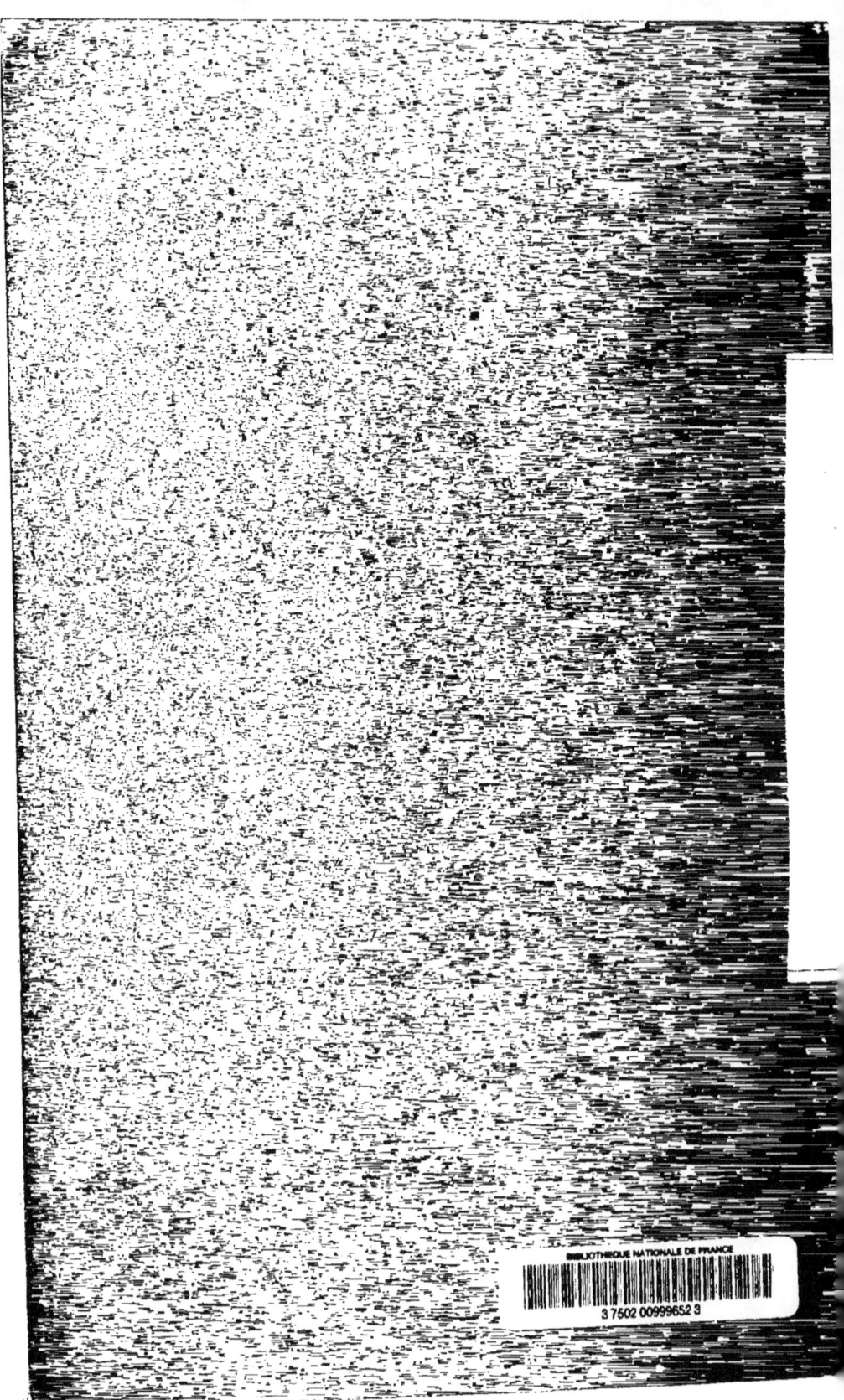

www.ingramcontent.com/pod-product-compliance
Lightning Source LLC
Chambersburg PA
CBHW060638050426
42451CB00012B/2666